LIVRE

POUR

UN PETIT GARÇON BIEN SAGE.

LIVRE

pour un Petit Garçon bien sage,

IMPRIMÉ PAR JULES DIDOT AINÉ,

EN TRENTE CARACTERES;

Depuis les plus gros et les plus simples, jusqu'aux plus petits et aux plus compliqués,

Orné de Douze Estampes

DESSINEES PAR Mr ET Mr COLIN, ET Mr AUBRY,

ET D'UNE GRANDE QUANTITÉ DE POLITYPAGES.

Ouvrage spécialement consacré à perfectionner les enfants dans la lecture, et à leur inspirer le goût du dessin.

PARIS

NEPVEU, PASSAGE DES PANORAMAS, N° 26.

1824.

AVIS

SUR CE PETIT LIVRE.

La nécessité d'habituer les enfants à lire toutes sortes de caractères, depuis le romain et l'italique, employés généralement pour l'impression de tous les livres, jusqu'aux caractères d'écriture, en anglaise, en ronde et en gothique, a suggéré la première idée de cet ouvrage. On a pensé ensuite que des images, soit lithographiées, soit politypées, auxquelles le texte aurait un rapport direct, en faisant naître chez les enfants le desir de lire chaque explication, inculqueraient dans leur mémoire les formes les plus difficiles et les plus bizarres des caractères d'impression et d'écriture. Il est nécessaire que les yeux des enfants soient de bonne heure familiarisés avec ces caractères qui, pour n'être pas employés communément, n'en sont pas moins, comme le romain et l'italique, les signes représentatifs de nos idées. A l'aide d'un grand nombre de caractères différents, et de gravures de tous les genres, on se regardera comme trop heureux, si on est parvenu à faire entrer dans l'esprit des enfants quelques courtes leçons de morale.

Livre

Pour

Un Petit Garçon bien sage.

ABCDEFGHIJKLMNOPQRSTU

VXYZÉÈÊÆŒÇW.

abcçdeéèêëfghiìîïjklmnoòôpqrstuùûü

vxyzæœw.,;:'-()?!

Ce hibou est un oiseau qui dort pendant le jour et qui veille pendant la nuit. Il habite les bois, et son cri est très effrayant. Lorsque le petit garçon sera bien sage, son papa le conduira avec lui dans la forêt, et lui fera voir cet oiseau.

A B C D E F G H I J K L M N O P Q R S T U V X

Y Z É È Ê Æ Œ Ç W.

a b c ç d e é è ê ë f g h i ì î ï j k l m n o ò ô p q r s t u ù û ü v x y z

æ œ w . , ; : ' - ( ) ? !

Cette belle Table ronde est disposée pour y placer les joujoux du petit garçon, et ce Pot de porcelaine contient du bon lait pour le déjeûner du petit garçon.

Dans la corbeille, auprès du pot, sont de petits pains

Lith de Langlumé

au beurre que le petit garçon aime beaucoup à tremper dans son lait. Il ne faut pas qu'il touche au couteau qui est dans la corbeille; sa bonne doit lui couper elle-même son petit pain par morceaux, pour le mettre dans le bol et verser le lait dessus. Quand il aura bien lu sa leçon, et que son Papa et sa Maman seront contents de lui, ils lui donneront du sucre pour mettre dans son lait.

Ce bon villageois revient de la ville où il a été vendre les pommes qu'il a cueillies dans son jardin. Le petit garçon mangera de ces pommes, quand il aura bien lu sa leçon. Ce pauvre paysan n'a pu revenir que fort tard; au clair de la lune, il croit apercevoir des animaux effrayants, des spectres et des fantômes, tandis que ce ne sont que des branches d'arbres et des feuilles: son chien le suit et semble partager sa frayeur.

Lorsque le petit garçon aura satisfait ses parents, on le conduira chez ce brave homme qui lui fera voir des petites poules noires, auxquelles le petit garçon jetera des miettes de pain; il ne faudra pas qu'il cherche à les prendre car elles s'enfuiraient.

Voici un berger qui garde des moutons. Il est près de la ferme appelée les Trois Moulins ; c'est un bien joli endroit où le petit garçon va souvent promener avec sa maman et ses petits bons amis.

La fermière y a plus d'une fois préparé de bons déjeûners de fromage à la crême et de galette, pour régaler les petits garçons qui lui font des amitiés.

C'est le fils de la fermière qui a apporté au petit garçon ce joli nid de bouvreuils qui sont maintenant dans la volière du château.

Lorsque le petit garçon sera sage, son papa le conduira à cette ferme. C'est là que tous les pauvres gens du village et des environs trouvent des secours en argent, en bled, en pommes-de-terre et en légumes, lorsqu'on sait que ce n'est point par paresse et par fainéantise qu'ils ont été réduits à demander l'aumône, et qu'ils ont des certificats de leur Maire et de leur Curé.

Lith de Langlume

Le fermier fera voir aussi au petit garçon le taureau qui s'est échappé dernièrement de son étable, et qui a tant effrayé les villageois du voisinage. Le pâtre l'a poursuivi long-temps, et ce n'est qu'avec beaucoup de peine qu'il est parvenu à s'en rendre maître.

Le petit garçon verra aussi des poules noires et blanches qui pondront de bons œufs, un âne sur lequel il ira se promener avec ses petits camarades, et une belle vache qu'on traira pour faire la soupe qu'il mange tous les matins. On lui montrera également des petits poissons rouges qui se trouvent dans le bassin au fond du jardin de la ferme. On recommandera au petit garçon de ne pas jouer trop près du bassin de peur qu'il n'y tombe, car il faudrait aller chercher son papa pour le retirer de l'eau.

Le petit garçon mangeait son déjeûner lorsqu'il vit un oiseau qu'on appelle PIE, posé sur un tronc d'arbre très près de la maison : il ramassa bien vite les miettes de pain qui étaient tombées de son déjeûner et les jeta par la fenêtre ; aussitôt que l'oiseau aperçut le pain, il sauta dessus et se mit à béqueter les miettes ; mais le petit garçon, empressé de lui montrer combien il avait de plaisir à le voir, lui jeta encore des miettes, ce qui effraya beaucoup la PIE qui s'enfuit. Cela fit de la peine au petit garçon qui s'était amusé à la voir saisir les miettes qu'il lui avait jetées. Sa maman lui promit, pour dissiper son chagrin, de lui acheter un oiseau tout semblable. Elle le conduisit, deux jours après, chez un marchand d'oiseaux. Le devant de la boutique était garni de grandes cages ou volières, dans lesquelles on voyait une multitude d'oiseaux aussi variés par la couleur de leur plumage, que par leur forme. Ils chantaient tous en même temps, et comme leurs cris étaient différents, le petit garçon fut obligé de se boucher les oreilles. Il vit de gros perroquets semblables à celui qui, chez sa tante, criait A DÉJEUNER A JACQUOT. Il reconnut des serins jaunes tachés de vert, des tourterelles blanches, des grises, avec un cercle noir autour du col, ce qui leur forme un collier naturel. Sa maman lui fit aussi remarquer de grosses poules dont la tête était couverte de plumes qui figuraient assez bien une toque ornée de panaches. Il y avait de beaux cignes aussi blancs que la neige, et une foule d'autres oiseaux que le petit garçon ne connaissait pas. Sa maman lui promit de lui faire cadeau d'un joli livre où il trouverait le nom et le dessin de tous ces oiseaux. Elle lui donnera ensuite une Pie et un chardonneret.

Le petit garcon voit ici un gros chien qui traine une jolie charrette chargee de legumes. Ce bon animal, si docile, rend de grands services; il tire,

avec le plus grand courage, un fardeau quatre fois plus lourd que lui.

Voici un joli Panier, qui contient des fruits, que le jardinier du chateau a apporte pour que le petit garcon puisse l'offrir a sa maman la veille du jour de sa fete.

Il faudra avoir bien soin de ne pas y toucher.

Voici un château dans lequel le petit garçon a couché une nuit, pendant qu'il faisait un voyage avec son papa.

Il est entouré de fossés remplis d'eau, et il domine sur toute la

plaine. Il est bien éloigné du village, et cependant les paysans y vont danser tous les dimanches, lorsque le temps est beau.

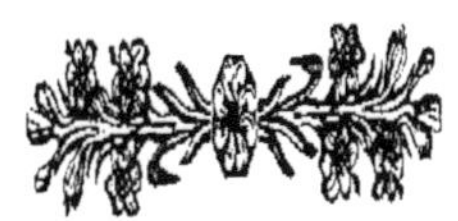

ABCDEFGHI JKLMNOPQR STUVXYZ ÆŒW&.,;:'-?!

Ces deux Cormorans guettent les petits poissons pour les croquer.

ABCDEFGHIJKL
MNOPQRSTUV
XYZW . , ; : ' -

Le Coq qui mange du raisin.

Voici l'homme qui bat du tambour : c'est lui que le petit garçon a remarqué aux Champs-Elisées ;

c'est encore lui que l'on voit passer le soir sur les boulevarts, quand il bat la retraite.

Le Milan et le Chat sauvage sont deux animaux très carnassiers. Ils viennent de se rencontrer, et ils se disputent un petit oiseau qu'un chasseur vient de tuer dans la forêt. Celui des deux qui sera le plus fort mangera l'oiseau.

Voici un Paillasse, un Arlequin et un Cassandre faisant la parade. Tous les petits garçons s'arrêtent pour les voir et les entendre. Le premier a un pantalon blanc, le second a un habit fait de petites pièces de drap de couleur différente, le troisième a une perruque et un habit noir. Ils jouent une petite comédie, et engagent les passants à entrer pour qu'ils leur fassent voir une lanterne

magique et des animaux rares et curieux, tels que des lions, des chevaux savants, des petites souris blanches et des écureuils.

Voici deux jolis oiseaux pêcheurs qui se baignent. L'un des deux veille à ce qu'on ne vienne pas les surprendre, tandis que l'autre se plonge tranquillement dans l'eau. Ils se sont cachés derrière cette grotte afin que les petits garçons ne viennent pas les tourmenter, ou leur jeter des pierres. Quand le petit Garçon voudra voir ces oiseaux, il faudra qu'il évite de faire du bruit.

Ce bon Laboureur qui conduit sa charrue, s'est levé avant le soleil. Il a été chercher ses deux taureaux dans sa petite écurie, il les a attelés, et s'est mis en route pour les champs. On le voit ici cultivant la petite terre dont il a hérité de ses parents. Le bâton qu'il tient à sa main lui sert à exciter les deux taureaux qui traînent sa charrue. Le petit garçon voit aussi derrière le laboureur un joli petit arbre: à l'une de ses branches est suspendue une gourde pour désaltérer ce brave homme quand il aura bien travaillé.

ABCDEFGHIJKLMNOPQRS
TUVXYZ ÉÊÈÇ ÆŒW .,:;!?-

CE PAON EST REMARQUABLE
PAR LA BEAUTÉ DE SON PLU-
MAGE, IL EST AUSSI TRÈS OR-
GUEILLEUX. LE DINDON QUI

EST AUPRÈS EST MOINS BEAU.

A B C D E F G H I J

K L M N O P Q R S T

U V X Y Z W . , ; ' -

VOICI UN BEAU CHAMEAU QUI HABITE LA MENAGERIE DU ROI.

CE PETIT GARÇON ET CETTE PETITE FILLE FONT L'AUMONE A DE PAUVRES GENS QUI SONT BIEN MALHEUREUX. IL Y A PEUT-ÊTRE LONG-TEMPS QU'ILS N'ONT MANGÉ, ET LEURS PETITS ENFANTS DEMANDENT DU PAIN.

Voici la grille du Parc où le papa et la maman du petit Garçon vont passer la belle saison. Je crois apercevoir la jardinière qui passe sur la grande route avec un panier sur sa tête, et je présume que

Lith. de Langlum

ce panier contient des fruits qu'elle apporte pour le goûter du petit garçon, qui ira la remercier, aussitôt qu'elle sera rentrée dans la maison.

Voici un petit Paysan qui portait au marché un sac de noix. La chaleur du jour l'a obligé à se reposer un instant sous un vieux chêne. Il a encore beaucoup de chemin à faire pour arriver à la ville ; aussi regrette-t-il son joli petit cheval, qu'il a laissé tranquille à l'écurie. Quand le petit Paysan sera de retour dans son village, il ne manquera pas d'aller voir son cheval, et de lui donner à boire et à manger.

Chaque saison offre ses plaisirs : au printemps, l'œuil est charmé par l'aspect de la verdure, on parcourt avec délices les campagnes qui se couvrent d'une nouvelle parure. L'air, plus doux, se charge du parfum des fleurs, on se livre à mille jeux sur la pelouse. Les oiseaux se font entendre sous le feuillage, les plus jeunes essaient leurs ailes et ne voltigent qu'en tremblant. L'hirondelle, que l'hiver avait chassée de nos climats, vient de reparaître, et, dans son vol rapide, rase la surface des eaux, et trouble pour un instant leur miroir. La Fauvette, construit son nid et y place sa couvée. De légers brins de paille, des crins, de petites plumes, sont les matériaux qui lui ont servi pour la construction de son petit édifice : elle a eu la précaution

de le placer dans un buisson, près d'un vieux mur, afin que les enfants ne viennent point la troubler. On voit ici deux petits garçons qui, néanmoins, sont parvenus à découvrir le lieu de sa retraite, et qui se disposent à enlever son nid et sa petite famille. Quel sera son chagrin lorsqu'elle verra ses pauvres petits entre les mains de ces enfants.

LE PAPILLON, CET INSECTE BRILLANT QUI DEPLOIE SUR SES AILES TOUTES LES NUANCES DE LARC-EN-CIEL, QUI VOLTIGEANT DE FLEURS EN FLEURS, NE S'ARRÊTE QUE SUR LES PLUS BELLES, ET SUR CELLES QUI EXHALENT LES PLUS SUAVES ODEURS, N'A PAS TOUJOURS ETE CE QU'IL PARAIT. CET ELEGANT INSECTE, SI BEAU, SI VOLAGE, N'A ETE DABORD QU'UNE AFFREUSE CHENILLE DÉPOUILLANT LES ARBRES ET LES PLANTES DE LEUR VERTE PARURE. IL S'EST ENSUITE

TRANSFORME EN UNE LAIDE CHRYSALIDE, QUE SON IMMOBILITE A SOUVENT FAIT PRENDRE POUR UN ÊTRE INANIME.

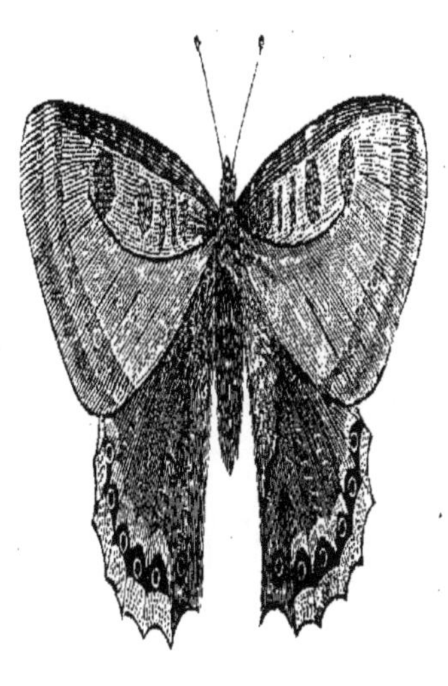

ABCDEFGHIJKLMNOPQR
STUXYZW

abcçdeéèêëfghiìîïjklmnoòôpqrstuùûüv
xyz æœw ff fi ffi fl .,;:'=

Voyez cette rose, elle cache des épines qui piqueront les doigts du petit garçon s'il la cueille. Voilà dans cette corbeille d'autres fleurs; si ce papillon vient s'y

reposer, le petit garçon le prendra et le mettra dans sa petite maison de cartes, où il restera jusqu'à ce qu'il plaise au petit garçon de l'en faire sortir.

L'oiseau qui est auprès de ces fleurs est un beau Bouvreuil que le petit garçon fera envoler s'il s'en approche, ou s'il fait du bruit.

A B C D E F G H IJ K L M N O P Q R S T U V X Y Z W

A B C D E F G H I K L M N O P Q R S T U V X Y Z W

a b c ç d e é è ê ë f g h i í ì î j k l m n o ó ò ô p q r s t u ú ù û v x y z w

. , ; : ' - ? !

Le Chien est l'animal le plus soumis et le plus obéissant. Il suit la Maman du petit Garçon, lorsqu'elle va à la promenade. Il y a un grand nombre d'espèces de chiens, mais malgré leur différence dans les formes et dans la taille, tous les chiens sont généralement bons et fidèles à leur maitre. Certaines espèces, comme les caniches, les griffons, montrent plus d'intelligence que les autres. Les habitudes et les goûts varient aussi selon les races. La chasse est la passion dominante de beaucoup de chiens, on y emploie les plus agiles à la course. Les gros dogues gardent les maisons, et écartent les voleurs qu'ils effraient par de vigoureux aboiements. Dans Paris on fait trainer à ces dogues des fardeaux très lourds. Les chiens de berger, comme celui que le petit Garçon voit avec le fermier de son Papa, gardent les troupeaux, empêchent les moutons de se disperser et les défendent contre les loups qui sans eux en mangeraient très souvent. De tous les chiens, le plus gracieux et le plus souple dans ses mouvements, c'est le Lévrier : il dépasse, à la chasse, tous les autres chiens. Celui qu'on représente ici, tient un lièvre entre ses pattes, et devant lui sont une oie sauvage et une perdrix qu'un chasseur vient d'abattre.

A B C D E F G H IJ K L
M N O P Q R S T U

V X Y Z W.

la laitiere mon=

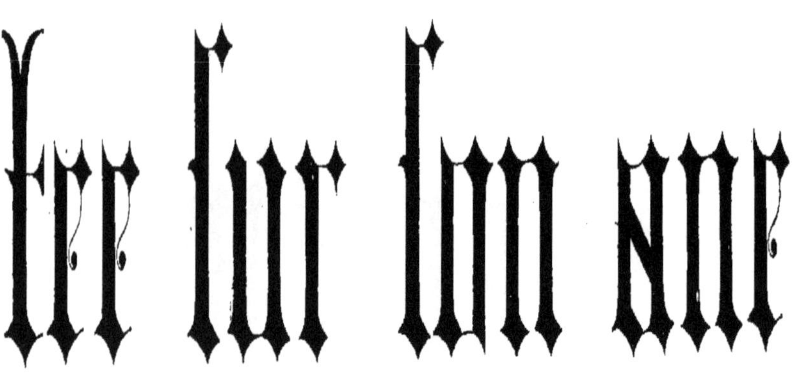

tee sur son ane

le rendant a la

ville pour y de-

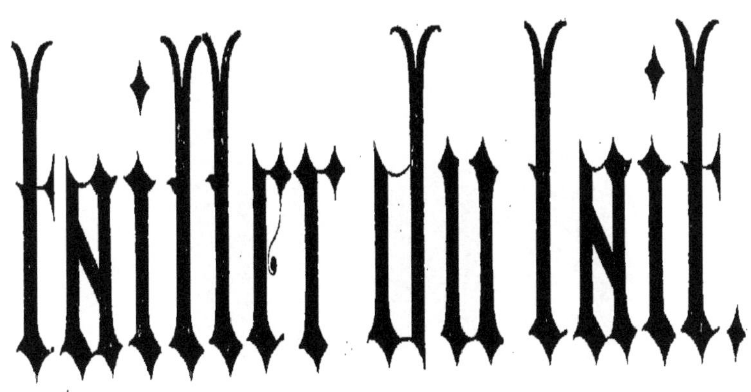
tailler du lait.

LE BELVEDER.

Le Paon est dessiné ici dans son plus grand éclat, redressant en éventail toutes les plumes de sa queue magnifique; il éblouit la vue par les reflets métalliques qui étincellent sur son riche plumage; comme il est fier, comme il se pavane, avec quel faste il déploie ces milliers d'yeux qui apparaissent sur le disque de sa queue, comme autant d'astres au milieu d'un ciel d'azur. Mais si Dieu s'est plu à nuancer le plumage du paon des plus belles couleurs, et à y semer l'éclat de l'arc-en-ciel, il ne lui a pas donné un gosier mélodieux, son cri est désagréable et étourdissant.

Le petit garçon voit ici plusieurs jeunes gens se livrant à un exercice salutaire, mais dangereux. Il devine sans doute que ce sont des patineurs. Les beaux jours ont cessé, l'automne a fait place à l'hiver, et les plaisirs, au lieu de disparaître, n'ont fait que changer avec la saison. Cette surface plate, ici représentée où s'élancent en glissant des hommes montés sur des morceaux de fer semblables aux brodequins chinois, n'est autre chose qu'un lac, où trois mois auparavant vint se baigner cet homme

qui fait *la renommée*. Mais le froid a durci l'élément liquide, et en a fait un plancher solide et glissant. C'est là que l'homme, à l'aide de ces socles de fer appelés patins, parcourt avec la rapidité de l'éclair un espace très considérable. Mais que le petit garçon n'aille pas croire qu'il soit très facile de pouvoir se tenir de suite sur la glace; le plaisir de patiner offre plusieurs difficultés : il est utile et salutaire, en ce qu'il exerce le corps auquel il donne de la souplesse, en réduisant ses mouvements à un juste équilibre. Il exige en outre de la grace, de la hardiesse, et un grand à-plomb. Cependant il n'est pas donné à tous les patineurs d'arriver au même point de perfection. Tous ne font pas *la renommée* comme celui du premier plan. Plus loin, le petit garçon en doit distinguer un autre qui se balance avec grace et abandon, tandis que le dernier, la main sur son chapeau que le vent allait emporter, s'élance de toutes ses forces. Mais quelle différence! il emploie tous ses efforts, tandis que l'autre se dessine avec une aisance toute particulière. Mais malheur au patineur imprudent qui, sourd aux avis des plus expérimentés, veut courir les chances de cet exercice sans en avoir étudié les régles; sa maladresse et son indocilité lui réservent plus d'une chute. Témoin celui qu'on voit là étendu sur la glace. Il en est de même en tout dans la vie. Que de petits enfants, pour n'avoir pas écouté leur papa, reconnaissent leur faute lorsqu'ils sont tombés!

Le petit garçon voit ici un chasseur, les jambes enfoncées dans l'eau jusqu'aux mollets, et l'arme au bras, prêt à tirer son coup de fusil. Deux chiens qui le précédent, l'oreille au guet et le nez au vent, ont senti le gibier; ils s'approchent lentement et sans bruit; ils vont japper tout-à-coup pour faire lever les perdrix, le coup va partir.

Tuer de timides et d'innocents animaux, au moyen d'une arme dont le seul bruit fait tant de peur *aux petits garçons*, semble une action bien cruelle. Mais la nécessité a suggéré à l'homme la première idée de la chasse. Cependant le chasseur n'est pas plus méchant qu'un autre homme; il aime bien sa femme et ses enfants.

Il ne faut pas s'imaginer que la chasse n'ait pour objet que l'agrément, l'utilité en est le but, et la nécessité en a été le principe.

Le petit garçon doit savoir que l'homme ne vint pas au monde en maillot dans des villes comme Paris, et pas même dans des villages comme Saint-Cloud.

En effet, les premiers hommes, dénués de tout dans de grandes forêts, dans d'immenses déserts, commencèrent à se nourrir des fruits que les arbres de toute espèce leur fournissaient, mais dans les saisons improductives ils sont privés de cette ressource. Que pouvaient-ils entreprendre dans l'état d'ignorance et d'abandon où ils étaient? Les produits de l'agriculture leur étaient inconnus. Entraînés par la nécessité, et instruits par l'exemple des animaux, qui, dans le temps où la terre est couverte de neige et de glace, se font la guerre, et usent réciproquement du droit de la force, ils commencèrent à attendre le lièvre au gîte, à le saisir, à le déchirer avec les ongles, bientôt à monter aux nids élevés des oiseaux. Le feu d'un caillou leur apprit à faire cuire leur proie, et la rendre ainsi plus agréable et plus saine. L'adresse de l'homme augmenta avec la défiance des animaux; sa force avec le sentiment de son danger, et son industrie avec celui de ses besoins. Au caillou dont il se servit pour frapper dans leur vol, dans leur course, les volatiles et les quadrupèdes, succéda l'épieu destiné à frapper plus sûrement les bêtes féroces et dangereuses, et la flèche destinée à atteindre au loin les animaux agiles. En effet, sans défense, entouré de lions, de tigres, de léopards, l'homme eût été leur proie s'il ne se fût armé contre elles. Son corps sans vêtement, exposé à l'intempérie des saisons, aux piqûres des insectes, aux morsures envenimées des reptiles, n'aurait pu résister s'il n'eût été couvert des peaux et des fourrures des animaux. Cependant le courage, l'intrépidité, l'adresse, plus que l'art et la science, subjuguèrent les bêtes féroces. Le Caraïbes, l'Iroquois, le Hottentot, déployaient la valeur la plus audacieuse; mais aucune étude, aucune tactique ne préparaient le chasseur à ces dangereuses expéditions, et sa vie courait les plus grands périls dans ces chasses sans art. Mais il était réservé aux siècles modernes de pousser, par l'invention de la poudre, la science et l'étude de la chasse au plus haut degré de perfection. Une fois que l'homme trouva le moyen d'envoyer la mort au loin, et d'atteindre sans peine les animaux les plus redoutables, il n'eut plus aucun danger à redouter.

La chasse a donc été, comme je l'ai fait entendre, dans le premier âge du monde, l'aliment principal et la ressource première de l'homme.

L'homme ainsi serait donc chasseur, pour ainsi dire dès le berceau ; à peine ses petites mains auraient elles pu s'armer de traits, qu'il se serait élancé dans les forêts, à la poursuite des animaux les plus dangereux. Au surplus, beaucoup d'animaux sont eux-mêmes chasseurs, et se font une guerre éternelle. Le lion, le tigre, le loup, le renard, la fouine, la cigogne, le requin, la baleine, tout chasse sans cesse, et comme la dit le bon La Fontaine, le *sort des petits sera toujours d'être dévorés par les gros*. Chassons donc nous qui sommes les souverains du règne animal.

Eh! d'ailleurs la nature nous donne en naissant l'instinct de la chasse. Quel petit garçon n'a pas aimé à chasser les papillons, et tendre des pièges aux moineaux avant de s'essayer plus tard sur le lièvre et la perdrix. Lorsqu'il voit son papa qui revient de la plaine apporter le fruit de sa chasse pour approvisionner la cuisine, il brûle déja d'être aussi adroit que lui pour le soulager dans le soin de couvrir la table de lièvre, de perdrix et d'allouettes. Il n'a déja plus peur du fusil; il veut partir pour la chasse afin de rapporter sur les genoux de sa maman les fruits de son adresse.

Enfin pour lui donner une idée noble de la chasse, on apprendra au petit garçon, lorsqu'il sera plus grand, que cet exercice a été honoré dans l'antiquité; Diane en fut la déesse, des nymphes formaient sa cour; Éphèse avoit élevé dans son sein un temple superbe où l'on sacrifioit une biche blanche. Mais il n'en est pas encore là, que le petit garçon soit sage, il ira bientôt chasser avec son papa qui lui apprendra tous les secrets de cet art.

Le Papa du petit garcon et de la petite fille va se reposer dans cette chaumiere, quand il revient de la chasse.

Assis nonchalamment, à l'ombre d'un arbre, le pêcheur

armé d'une ligne, attendant que le poisson vienne mordre à l'appât, présente dès le premier abord aux yeux du petit garçon, l'image d'un homme, qui, sans avoir besoin de recourir à la pêche pour ne pas mourir de faim, se crée un délassement de cet exercice; pour que notre petit lecteur soit convaincu de l'utilité de la pêche de l'innocence de ce plaisir, et du but moral qu'on peut en retirer, nous l'invitons à continuer sa lecture.

A considérer l'art, l'adresse, la subtilité qu'il faut employer avant de prendre des animaux, que la défiance, la crainte, leur forme et leur élément rendent si agiles; nous devons nous estimer heureux de posséder un instrument aussi simple que la ligne. La chasse plaît à la plupart des hommes; la pêche a ses amusements, et elle est plus précieuse par les grands avantages que la société en retire. Ces deux exercices ont plusieurs procédés qui leur sont communs. On tend les filets pour y envelopper différentes espèces d'oiseaux et d'animaux terrestres, comme on fait quelquefois usage des flèches et du fusil pour tuer le poisson. Il est même probable que l'on aura commencé par prendre à la main les poissons qui restaient sur le sable, dans les lieux où la mer qui les avait apportés, les laissait à découvert en se retirant. Le martin pêcheur en plongeant dans l'eau pour aller chercher sa proie, donna la première leçon de pêche, jaloux de voir un faible oiseau braver un élément si contraire à sa nature; l'homme voulut rivaliser d'adresse avec un volatile, et l'espoir de se procurer de nouveaux aliments, lui fit sans doute imaginer cette foule d'instruments ingénieux, qui établirent bientôt son empire jusqu'aux fonds des eaux. L'industrie de l'homme pour la pêche est bien au-dessus de celle qu'il lui faut pour la chasse. En vain le poisson au sein d'un élément où l'homme ne peut vivre qu'un instant, semble être en sûreté; une infinité de moyens, de ruses, d'appâts, contribuent à sa destruction. La pêche est si naturelle aux hommes, qu'on ne les trouve réunis en grandes sociétés que sur les rivages de la mer, des fleuves, des rivières, des lacs et des étangs, ainsi loin d'en blâmer l'exercice, nous devons tous remercier le maître du monde, de nous avoir procuré ces moyens de subsistance.

Que les enfants retirent seulement de la pêche cette utile leçon: le jeune enfant, séduit par l'attrait de la gourmandise ou de la paresse, est le poisson qui se laisse prendre à l'hameçon, attiré par un appât trompeur.

L'image qui frappe les yeux de nos jeunes lecteurs est une poule avec ses petits, sur laquelle s'abat un oiseau de proie. Elle n'a pas été placée sans intention dans ce petit ouvrage. En voyant le courage de cette mère, qui se prépare à combattre son cruel ennemi, la tête haute, le bec entr'ouvert, et les plumes hérissées, les enfants se feront une idée des sentiments qu'inspirent à l'être le plus faible la tendresse maternelle et la nécessité de protéger ses chèrs poussins. Il n'est malheureusement que trop probable que le faucon finira par vaincre la mère et la dévorer, ainsi que ses petits. Quel dommage qu'elle soit aussi éloignée de la ferme, où, protégée par les villageois et l'étroite ouverture du poulailler, elle échapperait au faucon! Le coq lutteroit peut-être alors victorieusement pour sa défense avec l'impitoyable oiseau. En effet, voici ce que rapporte M. de Buffon: « Un « faucon descendit au milieu d'une basse-cour nombreuse;

« un jeune coq de l'année courut à lui, et le renversa sur le « dos. Dans cette situation, le faucon se défendait avec ses « talons et son bec, et il intimidait les poules et les din- « dons : lorsqu'il se fut un peu remis, il se releva, et allait « s'envoler; mais le coq s'élançant sur lui pour la seconde « fois, le renversa, et le tint si long-temps à terre, qu'on « eut celui de le prendre. »

Quoique la femelle du dindon soit beaucoup plus grosse et plus forte que la poule, lorsqu'elle conduit ses petits pour chercher leur nourriture, elle leur est d'un faible secours contre les attaques, et elle les avertit plutôt de songer à éviter eux-mêmes le danger, qu'elle ne se prépare à les défendre. « J'entendis une poule d'Inde, dit l'abbé Pluche, « étant à la tête de sa couvée, jeter un cri d'alarme, sans qu'il « me fût possible d'en deviner la cause; cependant les petits « qui comprirent cet avertissement, coururent promptement « se cacher sous les buissons, sous l'herbe, et par-tout où ils « crurent trouver un abri sûr. Je les vis même se coucher « sur la terre, et y demeurer sans mouvement, comme s'ils « eussent été morts. Pendant ce temps, la mère, dont les « yeux étaient fixés vers le ciel, continuait à crier comme « auparavant. Je regardai dans la même direction qu'elle, et « je découvris un point noir sous les nuages, mais sans pou- « voir distinguer ce que c'était; bientôt on put voir claire-

« ment un oiseau de proie. La mère par ses cris retint ses
« petits dans leur asile tout le temps que cet ennemi formi-
« dable plana au-dessus de leur tête; mais aussitôt qu'il fut
« parti, jetant un cri tout différent du premier, elle rendit
« la vie à cette troupe glacée d'effroi, et qui vint sur-le-champ
« l'entourer, et lui témoigner sa joie d'avoir échappé à un
« aussi grand péril. »

Le chien de berger que le petit garçon voit n'est pas dans un brillant équipage, et n'a pas la mine d'un de ces chiens de bonne maison, citadins agaçants, bien peignés et bien ébarbés. Les apparences ne sont pas pour lui, et ceux dont l'œil ne juge que sur les dehors, se méprendront sur ce qu'il vaut.

En effet, ce chien si tranquillement assis sur son derrière, d'une physionomie si pacifique, semble déroger à la nature active, prompte, et animée de ses autres confrères, par l'attitude apathique dans laquelle il se trouve ici représenté. Vous le croyez engourdi ou assoupi, il attend le signal, guette le troupeau, et épie la moindre volonté du berger. Cependant qu'il entende le coup de sifflet de son maître, il dresse l'oreille, et part: il n'est plus le même; le petit garçon ne le reconnaîtrait plus. Avec quelle ardeur ce gardien fidéle du troupeau s'élance sur le loup qui rôde autour de la bergerie. La nuit, le jour, il est sans cesse aux aguets; sans cesse il fait sa ronde en surveillant fidéle. Il commande, il régne lui-même à la tête d'un troupeau; il s'y fait mieux entendre que la voix du berger: la sûreté, l'ordre, et la discipline, sont les fruits de sa vigilance et de son activité; c'est un peuple qui lui est soumis, qu'il conduit, qu'il protége, et contre lequel il n'emploie jamais la force pour y maintenir la paix. Et cependant tout vice-roi qu'il est, et malgré tout l'empirc qu'il exerce sur d'autres animaux, il n'est pas moins chien fidèle, humble et dévoué à son maître. Il est tout zèle, tout ardeur, et tout obéissance. Plus sensible au souvenir des bienfaits qu'à celui des outrages, il ne se rebute pas par les mauvais traitements; il les subit, il les oublie. Loin de s'arrêter ou de fuir, il lèche cette main, instrument de douleur, qui vient de le frapper; il ne lui oppose que la plainte, et la désarme enfin par la patience et la soumission. Quel exemple d'obéissance pour les petits garçons!

La fable du Chien qui lâche sa proie pour l'ombre, donnera sans doute au petit garçon, un vif desir de connaître toutes celles que La Fontaine a faites. Cette fable est ici imprimée au bas de la page suivante dans les plus petits caractères, qui embarrasseront probablement plus les parents que lui pour la lire sans difficulté.

Le livre de La Fontaine sera le premier livre qu'il voudra lire, et le seul qu'il ne voudra jamais quitter: quel enfant ne sera pas fier d'étudier dans un ouvrage qu'il aura vu entre les mains de son papa, de sa maman, et même de son grand papa? En effet, ce n'est pas comme un abécédaire, qu'il mettra de côté lorsqu'il sera grand garçon, ni même comme les contes des fées, qui ne l'amuseront que tant qu'il sera petit. On aime les fables de La Fontaine à tout âge: depuis le plus petit jusqu'au plus grand, tout le monde trouve dans leur lecture un plaisir infini. Avec quelle ardeur le petit garçon voudra les savoir toutes par cœur; sa maman n'aura pas besoin de le forcer d'apprendre. Au lieu de jouer pendant la récréation avec sa balle ou son sabot, il prendra La Fontaine; quel plaisir en effet que de causer avec des animaux devenus raisonnables, qui donnent de bons conseils et des exemples de bonne conduite et de sagesse! combien de fois l'enfant obéissant remerciera-t-il les souris étourdies et indociles aux avis d'un rat expérimenté, de lui avoir appris qu'on doit écouter l'expérience de ses parents, et que la désobéissance trouve toujours son châtiment. Il aimera bien le travail quand il saura que c'est le plus grand des trésors. La fable du Vieillard et ses Enfants, lui en fournira une leçon bien instructive; ainsi que la cigale paresseuse qui implore la pitié de l'active fourmi; l'une va mourir de faim, et l'autre nage dans une heureuse abondance, fruit de son travail. A chaque page il trouvera des histoires amusantes et des leçons utiles. Ici l'alouette et ses petits lui offrent l'image d'une bonne mère qui chérit ses enfants, là le rusé renard mangeant le fromage du sot corbeau, lui montrera le danger des flatteurs, et à la vue de l'agneau déchiré par le loup cruel, il se tiendra en garde contre les embûches des méchants, et s'estimera heureux de n'avoir pas à craindre leurs dents et leurs griffes, dans la maison de son papa et de sa maman.

FABLE.

Le Chien qui lâche sa proie pour l'ombre.

Chacun se trompe ici-bas :
On voit courir après l'ombre
Tant de fous qu'on n'en sait pas,
La plupart du temps, le nombre.
Au chien dont parle Ésope il faut les renvoyer.

Ce chien voyant sa proie en l'eau représentée
La quitta pour l'image, et pensa se noyer :
La rivière devint tout d'un coup agitée.
À toute peine il regagna les bords,
Et n'eut ni l'ombre ni le corps.

www.ingramcontent.com/pod-product-compliance
Ingram Content Group UK Ltd.
Pitfield, Milton Keynes, MK11 3LW, UK
UKHW020331180726
13839UKWH00002B/652